全国人民代表大会常务委员会公报版

中华人民共和国
突发事件应对法

（最新修订本）

中国民主法制出版社

图书在版编目（CIP）数据

中华人民共和国突发事件应对法：最新修订本／全国人大常委会办公厅供稿 . —北京：中国民主法制出版社，2024. 6. —ISBN 978-7-5162-3706-9

I. D922. 14

中国国家版本馆 CIP 数据核字第 20244Y66A1 号

书名／中华人民共和国突发事件应对法

出版·发行／中国民主法制出版社
地址／北京市丰台区右安门外玉林里 7 号（100069）
电话／（010）63055259（总编室）   63058068 63057714（营销中心）
传真／（010）63055259
http：//www. npcpub. com
E-mail：mzfz@ npcpub. com
经销／新华书店
开本／32 开   850 毫米×1168 毫米
印张／2   **字数**／30 千字
版本／2024 年 7 月第 1 版   2024 年 7 月第 1 次印刷
印刷／北京新华印刷有限公司

书号／ISBN 978-7-5162-3706-9
定价／8. 00 元

目　　录

中华人民共和国主席令

第二十五号

《中华人民共和国突发事件应对法》已由中华人民共和国第十四届全国人民代表大会常务委员会第十次会议于 2024 年 6 月 28 日修订通过，现予公布，自 2024 年 11 月 1 日起施行。

中华人民共和国主席　习近平
2024 年 6 月 28 日

中华人民共和国突发事件应对法

（2007 年 8 月 30 日第十届全国人民代表大会常务委员会第二十九次会议通过　2024 年 6 月 28 日第十四届全国人民代表大会常务委员会第十次会议修订）

目　　录

第一章　总　　则

第一条　为了预防和减少突发事件的发生，控制、减轻和消除突发事件引起的严重社会危害，提高突发事件预防和应对能力，规范突发事件应对活动，保护人民生命财产安全，维护国家安全、公共安全、生态环境安全和社会秩序，根据宪法，制定本法。

第二条　本法所称突发事件，是指突然发生，造成或者可能造成严重社会危害，需要采取应急处置措施予以应对的自然灾害、事故灾难、公共卫生事件和社会安全事件。

突发事件的预防与应急准备、监测与预警、应急处置与救援、事后恢复与重建等应对活动，适用本法。

《中华人民共和国传染病防治法》等有关法律对突发公共卫生事件应对作出规定的，适用其规定。有关法律没有规定的，适用本法。

第三条　按照社会危害程度、影响范围等因素，突发自然灾害、事故灾难、公共卫生事件分为特别重大、重大、较大和一般四级。法律、行政法规或者国务院另有规定的，从其规定。

突发事件的分级标准由国务院或者国务院确定的部门制定。

第四条　突发事件应对工作坚持中国共产党的领

4

导，坚持以马克思列宁主义、毛泽东思想、邓小平理论、"三个代表"重要思想、科学发展观、习近平新时代中国特色社会主义思想为指导，建立健全集中统一、高效权威的中国特色突发事件应对工作领导体制，完善党委领导、政府负责、部门联动、军地联合、社会协同、公众参与、科技支撑、法治保障的治理体系。

第五条　突发事件应对工作应当坚持总体国家安全观，统筹发展与安全；坚持人民至上、生命至上；坚持依法科学应对，尊重和保障人权；坚持预防为主、预防与应急相结合。

第六条　国家建立有效的社会动员机制，组织动员企业事业单位、社会组织、志愿者等各方力量依法有序参与突发事件应对工作，增强全民的公共安全和防范风险的意识，提高全社会的避险救助能力。

第七条　国家建立健全突发事件信息发布制度。有关人民政府和部门应当及时向社会公布突发事件相关信息和有关突发事件应对的决定、命令、措施等信息。

任何单位和个人不得编造、故意传播有关突发事件的虚假信息。有关人民政府和部门发现影响或者可能影响社会稳定、扰乱社会和经济管理秩序的虚假或者不完整信息的，应当及时发布准确的信息予以澄清。

第八条　国家建立健全突发事件新闻采访报道制度。有关人民政府和部门应当做好新闻媒体服务引导工作，支持新闻媒体开展采访报道和舆论监督。

新闻媒体采访报道突发事件应当及时、准确、客观、公正。

新闻媒体应当开展突发事件应对法律法规、预防与应急、自救与互救知识等的公益宣传。

第九条　国家建立突发事件应对工作投诉、举报制度，公布统一的投诉、举报方式。

对于不履行或者不正确履行突发事件应对工作职责的行为，任何单位和个人有权向有关人民政府和部门投诉、举报。

接到投诉、举报的人民政府和部门应当依照规定立即组织调查处理，并将调查处理结果以适当方式告知投诉人、举报人；投诉、举报事项不属于其职责的，应当及时移送有关机关处理。

有关人民政府和部门对投诉人、举报人的相关信息应当予以保密，保护投诉人、举报人的合法权益。

第十条　突发事件应对措施应当与突发事件可能造成的社会危害的性质、程度和范围相适应；有多种措施可供选择的，应当选择有利于最大程度地保护公民、法人和其他组织权益，且对他人权益损害和生态环境影响较小的措施，并根据情况变化及时调整，做到科学、精准、有效。

第十一条　国家在突发事件应对工作中，应当对未成年人、老年人、残疾人、孕产期和哺乳期的妇女、需要及时就医的伤病人员等群体给予特殊、优先保护。

第十二条　县级以上人民政府及其部门为应对突发事件的紧急需要，可以征用单位和个人的设备、设施、场地、交通工具等财产。被征用的财产在使用完毕或者突发事件应急处置工作结束后，应当及时返还。财产被征用或者征用后毁损、灭失的，应当给予公平、合理的补偿。

第十三条　因依法采取突发事件应对措施，致使诉讼、监察调查、行政复议、仲裁、国家赔偿等活动不能正常进行的，适用有关时效中止和程序中止的规定，法律另有规定的除外。

第十四条　中华人民共和国政府在突发事件的预防与应急准备、监测与预警、应急处置与救援、事后恢复与重建等方面，同外国政府和有关国际组织开展合作与交流。

第十五条　对在突发事件应对工作中做出突出贡献的单位和个人，按照国家有关规定给予表彰、奖励。

第二章　管理与指挥体制

第十六条　国家建立统一指挥、专常兼备、反应灵敏、上下联动的应急管理体制和综合协调、分类管理、分级负责、属地管理为主的工作体系。

第十七条　县级人民政府对本行政区域内突发事件的应对管理工作负责。突发事件发生后，发生地县级人民政府应当立即采取措施控制事态发展，组织开展应急救援和处置工作，并立即向上一级人民政府报告，必要时可以越级上报，具备条件的，应当进行网络直报或者自动速报。

突发事件发生地县级人民政府不能消除或者不能有效控制突发事件引起的严重社会危害的，应当及时向上级人民政府报告。上级人民政府应当及时采取措施，统一领导应急处置工作。

法律、行政法规规定由国务院有关部门对突发事件应对管理工作负责的，从其规定；地方人民政府应当积极配合并提供必要的支持。

第十八条　突发事件涉及两个以上行政区域的，其应对管理工作由有关行政区域共同的上一级人民政府负责，或者由各有关行政区域的上一级人民政府共同负责。共同负责的人民政府应当按照国家有关规定，建立信息共享和协调配合机制。根据共同应对突发事件的需要，地方人民政府之间可以建立协同应对机制。

第十九条　县级以上人民政府是突发事件应对管理工作的行政领导机关。

国务院在总理领导下研究、决定和部署特别重大突发事件的应对工作；根据实际需要，设立国家突发事件应急指挥机构，负责突发事件应对工作；必要时，国务院可以派出工作组指导有关工作。

县级以上地方人民政府设立由本级人民政府主要负

责人、相关部门负责人、国家综合性消防救援队伍和驻当地中国人民解放军、中国人民武装警察部队有关负责人等组成的突发事件应急指挥机构，统一领导、协调本级人民政府各有关部门和下级人民政府开展突发事件应对工作；根据实际需要，设立相关类别突发事件应急指挥机构，组织、协调、指挥突发事件应对工作。

第二十条 突发事件应急指挥机构在突发事件应对过程中可以依法发布有关突发事件应对的决定、命令、措施。突发事件应急指挥机构发布的决定、命令、措施与设立它的人民政府发布的决定、命令、措施具有同等效力，法律责任由设立它的人民政府承担。

第二十一条 县级以上人民政府应急管理部门和卫生健康、公安等有关部门应当在各自职责范围内做好有关突发事件应对管理工作，并指导、协助下级人民政府及其相应部门做好有关突发事件的应对管理工作。

第二十二条 乡级人民政府、街道办事处应当明确专门工作力量，负责突发事件应对有关工作。

居民委员会、村民委员会依法协助人民政府和有关部门做好突发事件应对工作。

第二十三条 公民、法人和其他组织有义务参与突发事件应对工作。

第二十四条 中国人民解放军、中国人民武装警察部队和民兵组织依照本法和其他有关法律、行政法规、军事法规的规定以及国务院、中央军事委员会的命令，参加突发事件的应急救援和处置工作。

第二十五条 县级以上人民政府及其设立的突发事件应急指挥机构发布的有关突发事件应对的决定、命令、措施，应当及时报本级人民代表大会常务委员会备案；突发事件应急处置工作结束后，应当向本级人民代表大会常务委员会作出专项工作报告。

第三章 预防与应急准备

第二十六条 国家建立健全突发事件应急预案体系。

国务院制定国家突发事件总体应急预案，组织制定国家突发事件专项应急预案；国务院有关部门根据各自的职责和国务院相关应急预案，制定国家突发事件部门应急预案并报国务院备案。

地方各级人民政府和县级以上地方人民政府有关部门根据有关法律、法规、规章、上级人民政府及其有关部门的应急预案以及本地区、本部门的实际情况，制定相应的突发事件应急预案并按国务院有关规定备案。

第二十七条 县级以上人民政府应急管理部门指导突发事件应急预案体系建设，综合协调应急预案衔接工作，增强有关应急预案的衔接性和实效性。

第二十八条 应急预案应当根据本法和其他有关法律、法规的规定，针对突发事件的性质、特点和可能造成的社会危害，具体规定突发事件应对管理工作的组织指挥体系与职责和突发事件的预防与预警机制、处置程序、应急保障措施以及事后恢复与重建措施等内容。

应急预案制定机关应当广泛听取有关部门、单位、专家和社会各方面意见，增强应急预案的针对性和可操作性，并根据实际需要、情势变化、应急演练中发现的问题等及时对应急预案作出修订。

应急预案的制定、修订、备案等工作程序和管理办法由国务院规定。

第二十九条　县级以上人民政府应当将突发事件应对工作纳入国民经济和社会发展规划。县级以上人民政府有关部门应当制定突发事件应急体系建设规划。

第三十条　国土空间规划等规划应当符合预防、处置突发事件的需要，统筹安排突发事件应对工作所必需的设备和基础设施建设，合理确定应急避难、封闭隔离、紧急医疗救治等场所，实现日常使用和应急使用的相互转换。

第三十一条　国务院应急管理部门会同卫生健康、自然资源、住房城乡建设等部门统筹、指导全国应急避难场所的建设和管理工作，建立健全应急避难场所标准体系。县级以上地方人民政府负责本行政区域内应急避难场所的规划、建设和管理工作。

第三十二条　国家建立健全突发事件风险评估体系，对可能发生的突发事件进行综合性评估，有针对性地采取有效防范措施，减少突发事件的发生，最大限度减轻突发事件的影响。

第三十三条　县级人民政府应当对本行政区域内容易引发自然灾害、事故灾难和公共卫生事件的危险源、危险区域进行调查、登记、风险评估，定期进行检查、监控，并责令有关单位采取安全防范措施。

省级和设区的市级人民政府应当对本行政区域内容易引发特别重大、重大突发事件的危险源、危险区域进行调查、登记、风险评估，组织进行检查、监控，并责令有关单位采取安全防范措施。

县级以上地方人民政府应当根据情况变化，及时调整危险源、危险区域的登记。登记的危险源、危险区域及其基础信息，应当按照国家有关规定接入突发事件信息系统，并及时向社会公布。

第三十四条　县级人民政府及其有关部门、乡级人民政府、街道办事处、居民委员会、村民委员会应当及时调解处理可能引发社会安全事件的矛盾纠纷。

第三十五条　所有单位应当建立健全安全管理制度，定期开展危险源辨识评估，制定安全防范措施；定期检查本单位各项安全防范措施的落实情况，及时消除事故隐患；掌握并及时处理本单位存在的可能引发社会安全事件的问题，防止矛盾激化和事态扩大；对本单位可能发生的突发事件和采取安全防范措施的情况，应当按照规定及时向所在地人民政府或者有关部门报告。

第三十六条　矿山、金属冶炼、建筑施工单位和易燃易爆物品、危险化学品、放射性物品等危险物品的生产、经营、运输、储存、使用单位，应当制定具体应急预案，配备必要的应急救援器材、设备和物资，并对生产经营场所、有危险物品的建筑物、构筑物及周边环境开展隐患排查，及时采取措施管控风险和消除隐患，防止发生突发事件。

第三十七条　公共交通工具、公共场所和其他人员密集场所的经营单位或者管理单位应当制定具体应急预案，为交通工具和有关场所配备报警装置和必要的应急救援设备、设施，注明其使用方法，并显著标明安全撤离的通道、路线，保证安全通道、出口的畅通。

有关单位应当定期检测、维护其报警装置和应急救援设备、设施，使其处于良好状态，确保正常使用。

第三十八条　县级以上人民政府应当建立健全突发事件应对管理培训制度，对人民政府及其有关部门负有突发事件应对管理职责的工作人员以及居民委员会、村民委员会有关人员定期进行培训。

第三十九条　国家综合性消防救援队伍是应急救援的综合性常备骨干力量，按照国家有关规定执行综合应急救援任务。县级以上人民政府有关部门可以根据实际需要设立专业应急救援队伍。

县级以上人民政府及其有关部门可以建立由成年志愿者组成的应急救援队伍。乡级人民政府、街道办事处和有条件的居民委员会、村民委员会可以建立基层应急救援队伍，及时、就近开展应急救援。单位应当建立由本单位职工组成的专职或者兼职应急救援队伍。

国家鼓励和支持社会力量建立提供社会化应急救援服务的应急救援队伍。社会力量建立的应急救援队伍参与突发事件应对工作应当服从履行统一领导职责或者组织处置突发事件的人民政府、突发事件应急指挥机构的统一指挥。

县级以上人民政府应当推动专业应急救援队伍与非专业应急救援队伍联合培训、联合演练，提高合成应急、协同应急的能力。

第四十条 地方各级人民政府、县级以上人民政府有关部门、有关单位应当为其组建的应急救援队伍购买人身意外伤害保险，配备必要的防护装备和器材，防范和减少应急救援人员的人身伤害风险。

专业应急救援人员应当具备相应的身体条件、专业技能和心理素质，取得国家规定的应急救援职业资格，具体办法由国务院应急管理部门会同国务院有关部门制定。

第四十一条 中国人民解放军、中国人民武装警察部队和民兵组织应当有计划地组织开展应急救援的专门训练。

第四十二条 县级人民政府及其有关部门、乡级人民政府、街道办事处应当组织开展面向社会公众的应急知识宣传普及活动和必要的应急演练。

居民委员会、村民委员会、企业事业单位、社会组织应当根据所在地人民政府的要求，结合各自的实际情况，开展面向居民、村民、职工等的应急知识宣传普及活动和必要的应急演练。

第四十三条　各级各类学校应当把应急教育纳入教育教学计划，对学生及教职工开展应急知识教育和应急演练，培养安全意识，提高自救与互救能力。

教育主管部门应当对学校开展应急教育进行指导和监督，应急管理等部门应当给予支持。

第四十四条　各级人民政府应当将突发事件应对工作所需经费纳入本级预算，并加强资金管理，提高资金使用绩效。

第四十五条　国家按照集中管理、统一调拨、平时服务、灾时应急、采储结合、节约高效的原则，建立健全应急物资储备保障制度，动态更新应急物资储备品种目录，完善重要应急物资的监管、生产、采购、储备、调拨和紧急配送体系，促进安全应急产业发展，优化产业布局。

国家储备物资品种目录、总体发展规划，由国务院发展改革部门会同国务院有关部门拟订。国务院应急管理等部门依据职责制定应急物资储备规划、品种目录，并组织实施。应急物资储备规划应当纳入国家储备总体发展规划。

第四十六条 设区的市级以上人民政府和突发事件易发、多发地区的县级人民政府应当建立应急救援物资、生活必需品和应急处置装备的储备保障制度。

县级以上地方人民政府应当根据本地区的实际情况和突发事件应对工作的需要，依法与有条件的企业签订协议，保障应急救援物资、生活必需品和应急处置装备的生产、供给。有关企业应当根据协议，按照县级以上地方人民政府要求，进行应急救援物资、生活必需品和应急处置装备的生产、供给，并确保符合国家有关产品质量的标准和要求。

国家鼓励公民、法人和其他组织储备基本的应急自救物资和生活必需品。有关部门可以向社会公布相关物资、物品的储备指南和建议清单。

第四十七条 国家建立健全应急运输保障体系，统筹铁路、公路、水运、民航、邮政、快递等运输和服务方式，制定应急运输保障方案，保障应急物资、装备和人员及时运输。

县级以上地方人民政府和有关主管部门应当根据国家应急运输保障方案，结合本地区实际做好应急调度和运力保障，确保运输通道和客货运枢纽畅通。

国家发挥社会力量在应急运输保障中的积极作用。社会力量参与突发事件应急运输保障，应当服从突发事件应急指挥机构的统一指挥。

第四十八条 国家建立健全能源应急保障体系，提高能源安全保障能力，确保受突发事件影响地区的能源供应。

第四十九条　国家建立健全应急通信、应急广播保障体系，加强应急通信系统、应急广播系统建设，确保突发事件应对工作的通信、广播安全畅通。

第五十条　国家建立健全突发事件卫生应急体系，组织开展突发事件中的医疗救治、卫生学调查处置和心理援助等卫生应急工作，有效控制和消除危害。

第五十一条　县级以上人民政府应当加强急救医疗服务网络的建设，配备相应的医疗救治物资、设施设备和人员，提高医疗卫生机构应对各类突发事件的救治能力。

第五十二条　国家鼓励公民、法人和其他组织为突发事件应对工作提供物资、资金、技术支持和捐赠。

接受捐赠的单位应当及时公开接受捐赠的情况和受赠财产的使用、管理情况，接受社会监督。

第五十三条　红十字会在突发事件中，应当对伤病人员和其他受害者提供紧急救援和人道救助，并协助人民政府开展与其职责相关的其他人道主义服务活动。有关人民政府应当给予红十字会支持和资助，保障其依法参与应对突发事件。

慈善组织在发生重大突发事件时开展募捐和救助活动，应当在有关人民政府的统筹协调、有序引导下依法进行。有关人民政府应当通过提供必要的需求信息、政府购买服务等方式，对慈善组织参与应对突发事件、开展应急慈善活动予以支持。

第五十四条 有关单位应当加强应急救援资金、物资的管理，提高使用效率。

任何单位和个人不得截留、挪用、私分或者变相私分应急救援资金、物资。

第五十五条 国家发展保险事业，建立政府支持、社会力量参与、市场化运作的巨灾风险保险体系，并鼓励单位和个人参加保险。

第五十六条 国家加强应急管理基础科学、重点行业领域关键核心技术的研究，加强互联网、云计算、大数据、人工智能等现代技术手段在突发事件应对工作中的应用，鼓励、扶持有条件的教学科研机构、企业培养应急管理人才和科技人才，研发、推广新技术、新材料、新设备和新工具，提高突发事件应对能力。

第五十七条 县级以上人民政府及其有关部门应当建立健全突发事件专家咨询论证制度，发挥专业人员在突发事件应对工作中的作用。

第四章 监测与预警

第五十八条 国家建立健全突发事件监测制度。

县级以上人民政府及其有关部门应当根据自然灾害、事故灾难和公共卫生事件的种类和特点，建立健全

18

基础信息数据库，完善监测网络，划分监测区域，确定监测点，明确监测项目，提供必要的设备、设施，配备专职或者兼职人员，对可能发生的突发事件进行监测。

第五十九条 国务院建立全国统一的突发事件信息系统。

县级以上地方人民政府应当建立或者确定本地区统一的突发事件信息系统，汇集、储存、分析、传输有关突发事件的信息，并与上级人民政府及其有关部门、下级人民政府及其有关部门、专业机构、监测网点和重点企业的突发事件信息系统实现互联互通，加强跨部门、跨地区的信息共享与情报合作。

第六十条 县级以上人民政府及其有关部门、专业机构应当通过多种途径收集突发事件信息。

县级人民政府应当在居民委员会、村民委员会和有关单位建立专职或者兼职信息报告员制度。

公民、法人或者其他组织发现发生突发事件，或者发现可能发生突发事件的异常情况，应当立即向所在地人民政府、有关主管部门或者指定的专业机构报告。接到报告的单位应当按照规定立即核实处理，对于不属于其职责的，应当立即移送相关单位核实处理。

第六十一条 地方各级人民政府应当按照国家有关规定向上级人民政府报送突发事件信息。县级以上人民政府有关主管部门应当向本级人民政府相关部门通报突发事件信息，并报告上级人民政府主管部门。专业机构、监测网点和信息报告员应当及时向所在地人民政府及其有关主管部门报告突发事件信息。

有关单位和人员报送、报告突发事件信息，应当做到及时、客观、真实，不得迟报、谎报、瞒报、漏报，不得授意他人迟报、谎报、瞒报，不得阻碍他人报告。

第六十二条 县级以上地方人民政府应当及时汇总分析突发事件隐患和监测信息，必要时组织相关部门、专业技术人员、专家学者进行会商，对发生突发事件的可能性及其可能造成的影响进行评估；认为可能发生重大或者特别重大突发事件的，应当立即向上级人民政府报告，并向上级人民政府有关部门、当地驻军和可能受到危害的毗邻或者相关地区的人民政府通报，及时采取预防措施。

第六十三条 国家建立健全突发事件预警制度。

可以预警的自然灾害、事故灾难和公共卫生事件的预警级别，按照突发事件发生的紧急程度、发展势态和可能造成的危害程度分为一级、二级、三级和四级，分别用红色、橙色、黄色和蓝色标示，一级为最高级别。

预警级别的划分标准由国务院或者国务院确定的部门制定。

第六十四条 可以预警的自然灾害、事故灾难或者公共卫生事件即将发生或者发生的可能性增大时，县级以上地方人民政府应当根据有关法律、行政法规和国务院规定的权限和程序，发布相应级别的警报，决定并宣

20

布有关地区进入预警期，同时向上一级人民政府报告，必要时可以越级上报；具备条件的，应当进行网络直报或者自动速报；同时向当地驻军和可能受到危害的毗邻或者相关地区的人民政府通报。

发布警报应当明确预警类别、级别、起始时间、可能影响的范围、警示事项、应当采取的措施、发布单位和发布时间等。

第六十五条　国家建立健全突发事件预警发布平台，按照有关规定及时、准确向社会发布突发事件预警信息。

广播、电视、报刊以及网络服务提供者、电信运营商应当按照国家有关规定，建立突发事件预警信息快速发布通道，及时、准确、无偿播发或者刊载突发事件预警信息。

公共场所和其他人员密集场所，应当指定专门人员负责突发事件预警信息接收和传播工作，做好相关设备、设施维护，确保突发事件预警信息及时、准确接收和传播。

第六十六条　发布三级、四级警报，宣布进入预警期后，县级以上地方人民政府应当根据即将发生的突发事件的特点和可能造成的危害，采取下列措施：

（一）启动应急预案；

（二）责令有关部门、专业机构、监测网点和负有特定职责的人员及时收集、报告有关信息，向社会公布

21

反映突发事件信息的渠道，加强对突发事件发生、发展情况的监测、预报和预警工作；

（三）组织有关部门和机构、专业技术人员、有关专家学者，随时对突发事件信息进行分析评估，预测发生突发事件可能性的大小、影响范围和强度以及可能发生的突发事件的级别；

（四）定时向社会发布与公众有关的突发事件预测信息和分析评估结果，并对相关信息的报道工作进行管理；

（五）及时按照有关规定向社会发布可能受到突发事件危害的警告，宣传避免、减轻危害的常识，公布咨询或者求助电话等联络方式和渠道。

第六十七条　发布一级、二级警报，宣布进入预警期后，县级以上地方人民政府除采取本法第六十六条规定的措施外，还应当针对即将发生的突发事件的特点和可能造成的危害，采取下列一项或者多项措施：

（一）责令应急救援队伍、负有特定职责的人员进入待命状态，并动员后备人员做好参加应急救援和处置工作的准备；

（二）调集应急救援所需物资、设备、工具，准备应急设施和应急避难、封闭隔离、紧急医疗救治等场所，并确保其处于良好状态、随时可以投入正常使用；

（三）加强对重点单位、重要部位和重要基础设施的安全保卫，维护社会治安秩序；

（四）采取必要措施，确保交通、通信、供水、排水、供电、供气、供热、医疗卫生、广播电视、气象等公共设施的安全和正常运行；

（五）及时向社会发布有关采取特定措施避免或者减轻危害的建议、劝告；

（六）转移、疏散或者撤离易受突发事件危害的人员并予以妥善安置，转移重要财产；

（七）关闭或者限制使用易受突发事件危害的场所，控制或者限制容易导致危害扩大的公共场所的活动；

（八）法律、法规、规章规定的其他必要的防范性、保护性措施。

第六十八条　发布警报，宣布进入预警期后，县级以上人民政府应当对重要商品和服务市场情况加强监测，根据实际需要及时保障供应、稳定市场。必要时，国务院和省、自治区、直辖市人民政府可以按照《中华人民共和国价格法》等有关法律规定采取相应措施。

第六十九条　对即将发生或者已经发生的社会安全事件，县级以上地方人民政府及其有关主管部门应当按照规定向上一级人民政府及其有关主管部门报告，必要时可以越级上报，具备条件的，应当进行网络直报或者自动速报。

第七十条　发布突发事件警报的人民政府应当根据事态的发展，按照有关规定适时调整预警级别并重新发布。

有事实证明不可能发生突发事件或者危险已经解除的，发布警报的人民政府应当立即宣布解除警报，终止预警期，并解除已经采取的有关措施。

第五章　应急处置与救援

第七十一条　国家建立健全突发事件应急响应制度。

突发事件的应急响应级别，按照突发事件的性质、特点、可能造成的危害程度和影响范围等因素分为一级、二级、三级和四级，一级为最高级别。

突发事件应急响应级别划分标准由国务院或者国务院确定的部门制定。县级以上人民政府及其有关部门应当在突发事件应急预案中确定应急响应级别。

第七十二条　突发事件发生后，履行统一领导职责或者组织处置突发事件的人民政府应当针对其性质、特点、危害程度和影响范围等，立即启动应急响应，组织有关部门，调动应急救援队伍和社会力量，依照法律、法规、规章和应急预案的规定，采取应急处置措施，并向上级人民政府报告；必要时，可以设立现场指挥部，负责现场应急处置与救援，统一指挥进入突发事件现场的单位和个人。

启动应急响应，应当明确响应事项、级别、预计期限、应急处置措施等。

履行统一领导职责或者组织处置突发事件的人民政府，应当建立协调机制，提供需求信息，引导志愿服务组织和志愿者等社会力量及时有序参与应急处置与救援工作。

第七十三条 自然灾害、事故灾难或者公共卫生事件发生后，履行统一领导职责的人民政府应当采取下列一项或者多项应急处置措施：

（一）组织营救和救治受害人员，转移、疏散、撤离并妥善安置受到威胁的人员以及采取其他救助措施；

（二）迅速控制危险源，标明危险区域，封锁危险场所，划定警戒区，实行交通管制、限制人员流动、封闭管理以及其他控制措施；

（三）立即抢修被损坏的交通、通信、供水、排水、供电、供气、供热、医疗卫生、广播电视、气象等公共设施，向受到危害的人员提供避难场所和生活必需品，实施医疗救护和卫生防疫以及其他保障措施；

（四）禁止或者限制使用有关设备、设施，关闭或者限制使用有关场所，中止人员密集的活动或者可能导致危害扩大的生产经营活动以及采取其他保护措施；

（五）启用本级人民政府设置的财政预备费和储备的应急救援物资，必要时调用其他急需物资、设备、设施、工具；

（六）组织公民、法人和其他组织参加应急救援和处置工作，要求具有特定专长的人员提供服务；

（七）保障食品、饮用水、药品、燃料等基本生活必需品的供应；

（八）依法从严惩处囤积居奇、哄抬价格、牟取暴利、制假售假等扰乱市场秩序的行为，维护市场秩序；

（九）依法从严惩处哄抢财物、干扰破坏应急处置工作等扰乱社会秩序的行为，维护社会治安；

（十）开展生态环境应急监测，保护集中式饮用水水源地等环境敏感目标，控制和处置污染物；

（十一）采取防止发生次生、衍生事件的必要措施。

第七十四条 社会安全事件发生后，组织处置工作的人民政府应当立即启动应急响应，组织有关部门针对事件的性质和特点，依照有关法律、行政法规和国家其他有关规定，采取下列一项或者多项应急处置措施：

（一）强制隔离使用器械相互对抗或者以暴力行为参与冲突的当事人，妥善解决现场纠纷和争端，控制事态发展；

（二）对特定区域内的建筑物、交通工具、设备、设施以及燃料、燃气、电力、水的供应进行控制；

（三）封锁有关场所、道路，查验现场人员的身份证件，限制有关公共场所内的活动；

（四）加强对易受冲击的核心机关和单位的警卫，在国家机关、军事机关、国家通讯社、广播电台、电视台、外国驻华使领馆等单位附近设置临时警戒线；

（五）法律、行政法规和国务院规定的其他必要措施。

第七十五条　发生突发事件，严重影响国民经济正常运行时，国务院或者国务院授权的有关主管部门可以采取保障、控制等必要的应急措施，保障人民群众的基本生活需要，最大限度地减轻突发事件的影响。

第七十六条　履行统一领导职责或者组织处置突发事件的人民政府及其有关部门，必要时可以向单位和个人征用应急救援所需设备、设施、场地、交通工具和其他物资，请求其他地方人民政府及其有关部门提供人力、物力、财力或者技术支援，要求生产、供应生活必需品和应急救援物资的企业组织生产、保证供给，要求提供医疗、交通等公共服务的组织提供相应的服务。

履行统一领导职责或者组织处置突发事件的人民政府和有关主管部门，应当组织协调运输经营单位，优先运送处置突发事件所需物资、设备、工具、应急救援人员和受到突发事件危害的人员。

履行统一领导职责或者组织处置突发事件的人民政府及其有关部门，应当为受突发事件影响无人照料的无民事行为能力人、限制民事行为能力人提供及时有效帮助；建立健全联系帮扶应急救援人员家庭制度，帮助解决实际困难。

第七十七条　突发事件发生地的居民委员会、村民委员会和其他组织应当按照当地人民政府的决定、命令，进行宣传动员，组织群众开展自救与互救，协助维护社会秩序；情况紧急的，应当立即组织群众开展自救与互救等先期处置工作。

第七十八条　受到自然灾害危害或者发生事故灾难、公共卫生事件的单位，应当立即组织本单位应急救援队伍和工作人员营救受害人员，疏散、撤离、安置受到威胁的人员，控制危险源，标明危险区域，封锁危险场所，并采取其他防止危害扩大的必要措施，同时向所在地县级人民政府报告；对因本单位的问题引发的或者主体是本单位人员的社会安全事件，有关单位应当按照规定上报情况，并迅速派出负责人赶赴现场开展劝解、疏导工作。

突发事件发生地的其他单位应当服从人民政府发布的决定、命令，配合人民政府采取的应急处置措施，做好本单位的应急救援工作，并积极组织人员参加所在地的应急救援和处置工作。

第七十九条　突发事件发生地的个人应当依法服从人民政府、居民委员会、村民委员会或者所属单位的指挥和安排，配合人民政府采取的应急处置措施，积极参加应急救援工作，协助维护社会秩序。

第八十条　国家支持城乡社区组织健全应急工作机制，强化城乡社区综合服务设施和信息平台应急功能，加强与突发事件信息系统数据共享，增强突发事件应急处置中保障群众基本生活和服务群众能力。

第八十一条 国家采取措施，加强心理健康服务体系和人才队伍建设，支持引导心理健康服务人员和社会工作者对受突发事件影响的各类人群开展心理健康教育、心理评估、心理疏导、心理危机干预、心理行为问题诊治等心理援助工作。

第八十二条 对于突发事件遇难人员的遗体，应当按照法律和国家有关规定，科学规范处置，加强卫生防疫，维护逝者尊严。对于逝者的遗物应当妥善保管。

第八十三条 县级以上人民政府及其有关部门根据突发事件应对工作需要，在履行法定职责所必需的范围和限度内，可以要求公民、法人和其他组织提供应急处置与救援需要的信息。公民、法人和其他组织应当予以提供，法律另有规定的除外。县级以上人民政府及其有关部门对获取的相关信息，应当严格保密，并依法保护公民的通信自由和通信秘密。

第八十四条 在突发事件应急处置中，有关单位和个人因依照本法规定配合突发事件应对工作或者履行相关义务，需要获取他人个人信息的，应当依照法律规定的程序和方式取得并确保信息安全，不得非法收集、使用、加工、传输他人个人信息，不得非法买卖、提供或者公开他人个人信息。

第八十五条 因依法履行突发事件应对工作职责或者义务获取的个人信息，只能用于突发事件应对，并在突发事件应对工作结束后予以销毁。确因依法作为证据使用或者调查评估需要留存或者延期销毁的，应当按照规定进行合法性、必要性、安全性评估，并采取相应保护和处理措施，严格依法使用。

第六章　　事后恢复与重建

第八十六条　突发事件的威胁和危害得到控制或者消除后，履行统一领导职责或者组织处置突发事件的人民政府应当宣布解除应急响应，停止执行依照本法规定采取的应急处置措施，同时采取或者继续实施必要措施，防止发生自然灾害、事故灾难、公共卫生事件的次生、衍生事件或者重新引发社会安全事件，组织受影响地区尽快恢复社会秩序。

第八十七条　突发事件应急处置工作结束后，履行统一领导职责的人民政府应当立即组织对突发事件造成的影响和损失进行调查评估，制定恢复重建计划，并向上一级人民政府报告。

受突发事件影响地区的人民政府应当及时组织和协调应急管理、卫生健康、公安、交通、铁路、民航、邮政、电信、建设、生态环境、水利、能源、广播电视等有关部门恢复社会秩序，尽快修复被损坏的交通、通信、供水、排水、供电、供气、供热、医疗卫生、水利、广播电视等公共设施。

第八十八条　受突发事件影响地区的人民政府开展恢复重建工作需要上一级人民政府支持的，可以向上一级人民政府提出请求。上一级人民政府应当根据受影响地区遭受的损失和实际情况，提供资金、物资支持和技术指导，组织协调其他地区和有关方面提供资金、物资和人力支援。

第八十九条　国务院根据受突发事件影响地区遭受损失的情况，制定扶持该地区有关行业发展的优惠政策。

受突发事件影响地区的人民政府应当根据本地区遭受的损失和采取应急处置措施的情况，制定救助、补偿、抚慰、抚恤、安置等善后工作计划并组织实施，妥善解决因处置突发事件引发的矛盾纠纷。

第九十条　公民参加应急救援工作或者协助维护社会秩序期间，其所在单位应当保证其工资待遇和福利不变，并可以按照规定给予相应补助。

第九十一条　县级以上人民政府对在应急救援工作中伤亡的人员依法落实工伤待遇、抚恤或者其他保障政策，并组织做好应急救援工作中致病人员的医疗救治工作。

第九十二条　履行统一领导职责的人民政府在突发事件应对工作结束后，应当及时查明突发事件的发生经过和原因，总结突发事件应急处置工作的经验教训，制定改进措施，并向上一级人民政府提出报告。

　　第九十三条　突发事件应对工作中有关资金、物资的筹集、管理、分配、拨付和使用等情况，应当依法接受审计机关的审计监督。

　　第九十四条　国家档案主管部门应当建立健全突发事件应对工作相关档案收集、整理、保护、利用工作机制。突发事件应对工作中形成的材料，应当按照国家规定归档，并向相关档案馆移交。

第七章　法律责任

　　第九十五条　地方各级人民政府和县级以上人民政府有关部门违反本法规定，不履行或者不正确履行法定职责的，由其上级行政机关责令改正；有下列情形之一，由有关机关综合考虑突发事件发生的原因、后果、应对处置情况、行为人过错等因素，对负有责任的领导人员和直接责任人员依法给予处分：

　　（一）未按照规定采取预防措施，导致发生突发事件，或者未采取必要的防范措施，导致发生次生、衍生事件的；

　　（二）迟报、谎报、瞒报、漏报或者授意他人迟报、谎报、瞒报以及阻碍他人报告有关突发事件的信息，或者通报、报送、公布虚假信息，造成后果的；

　　（三）未按照规定及时发布突发事件警报、采取预警期的措施，导致损害发生的；

（四）未按照规定及时采取措施处置突发事件或者处置不当，造成后果的；

（五）违反法律规定采取应对措施，侵犯公民生命健康权益的；

（六）不服从上级人民政府对突发事件应急处置工作的统一领导、指挥和协调的；

（七）未及时组织开展生产自救、恢复重建等善后工作的；

（八）截留、挪用、私分或者变相私分应急救援资金、物资的；

（九）不及时归还征用的单位和个人的财产，或者对被征用财产的单位和个人不按照规定给予补偿的。

第九十六条　有关单位有下列情形之一，由所在地履行统一领导职责的人民政府有关部门责令停产停业，暂扣或者吊销许可证件，并处五万元以上二十万元以下的罚款；情节特别严重的，并处二十万元以上一百万元以下的罚款：

（一）未按照规定采取预防措施，导致发生较大以上突发事件的；

（二）未及时消除已发现的可能引发突发事件的隐患，导致发生较大以上突发事件的；

（三）未做好应急物资储备和应急设备、设施日常维护、检测工作，导致发生较大以上突发事件或者突发事件危害扩大的；

（四）突发事件发生后，不及时组织开展应急救援工作，造成严重后果的。

其他法律对前款行为规定了处罚的，依照较重的规定处罚。

第九十七条 违反本法规定，编造并传播有关突发事件的虚假信息，或者明知是有关突发事件的虚假信息而进行传播的，责令改正，给予警告；造成严重后果的，依法暂停其业务活动或者吊销其许可证件；负有直接责任的人员是公职人员的，还应当依法给予处分。

第九十八条 单位或者个人违反本法规定，不服从所在地人民政府及其有关部门依法发布的决定、命令或者不配合其依法采取的措施的，责令改正；造成严重后果的，依法给予行政处罚；负有直接责任的人员是公职人员的，还应当依法给予处分。

第九十九条 单位或者个人违反本法第八十四条、第八十五条关于个人信息保护规定的，由主管部门依照有关法律规定给予处罚。

第一百条 单位或者个人违反本法规定，导致突发事件发生或者危害扩大，造成人身、财产或者其他损害的，应当依法承担民事责任。

第一百零一条 为了使本人或者他人的人身、财产免受正在发生的危险而采取避险措施的，依照《中华人民共和国民法典》、《中华人民共和国刑法》等法律关于紧急避险的规定处理。

34

第一百零二条 违反本法规定，构成违反治安管理行为的，依法给予治安管理处罚；构成犯罪的，依法追究刑事责任。

第八章 附 则

第一百零三条 发生特别重大突发事件，对人民生命财产安全、国家安全、公共安全、生态环境安全或者社会秩序构成重大威胁，采取本法和其他有关法律、法规、规章规定的应急处置措施不能消除或者有效控制、减轻其严重社会危害，需要进入紧急状态的，由全国人民代表大会常务委员会或者国务院依照宪法和其他有关法律规定的权限和程序决定。

紧急状态期间采取的非常措施，依照有关法律规定执行或者由全国人民代表大会常务委员会另行规定。

第一百零四条 中华人民共和国领域外发生突发事件，造成或者可能造成中华人民共和国公民、法人和其他组织人身伤亡、财产损失的，由国务院外交部门会同国务院其他有关部门、有关地方人民政府，按照国家有关规定做好应对工作。

第一百零五条 在中华人民共和国境内的外国人、无国籍人应当遵守本法，服从所在地人民政府及其有关部门依法发布的决定、命令，并配合其依法采取的措施。

第一百零六条 本法自 2024 年 11 月 1 日起施行。

关于修订《中华人民共和国突发事件应对法》的说明

——2021 年 12 月 20 日在第十三届全国人民代表大会常务委员会第三十二次会议上

委员长、各位副委员长、秘书长、各位委员：

受国务院委托，现就修订《中华人民共和国突发事件应对法》作说明。

一、修订的必要性和工作过程

党中央、国务院高度重视突发事件应对管理工作。习近平总书记多次强调依法防控、依法治理的极端重要性，对完善疫情防控法律体系、健全国家公共卫生应急管理体系、构建生物安全法律法规体系提出明确要求。李克强总理明确指出，面对各种突发事件，要有序有力，坚持以人为本、依法依规、科学应对，既进行有效处置，又探索建立新机制，以提高社会治理水平。

现行《中华人民共和国突发事件应对法》自 2007年公布施行以来，对于预防和减少突发事件的发生，控制、减轻和消除突发事件引起的严重社会危害，规范突发事件应对管理活动，保护人民生命财产安全，维护国家安全、公共安全、生态环境安全和社会秩序发挥了重要作用，为取得抗击新冠肺炎疫情斗争重大战略成果提供了制度保障。近年来，突发事件应对管理工作遇到了一些新情况新问题，特别是新冠肺炎疫情对突发事件应对管理工作带来了新挑战，中央领导同志作出明确指示，各有关方面也提出一系列意见建议，亟待通过修改该法予以解决：一是突发事件应对管理工作领导和管理体制已不适应机构改革最新要求和工作实际需要；二是信息报送和发布制度不够完善，影响了信息上传下达的及时性、准确性；三是应急保障制度不够健全，影响了突发事件应对管理工作所必需的物质支持；四是突发事件应对管理能力有待加强，制约了突发事件应对管理工作水平的提高；五是充分发挥社会力量的制度还不够完善，不利于调动各方力量凝聚工作合力；六是突发事件应对管理工作中保障单位和个人权益的制度不够明确，实践中容易出现损害单位和个人合法权益的情况。

　　为了有效解决上述问题，完善突发事件应对管理相关制度措施，2021 年中央政治局常委会工作要点以及2020 年、2021 年全国人大常委会、国务院立法工作计划提出修改《中华人民共和国突发事件应对法》。全国人大常委会组织成立了由张春贤副委员长为组长的《中华人民共和国突发事件应对法》修改工作专班。工作专班安排司法部牵头成立条文起草组，组织开展修法条文起草有关具体工作。接到该任务后，司法部高度重视，牵头成立了应急管理部、卫生健康委、公安部等16家单位参加的条文起草组，积极开展条文起草工作。在起草过程中，司法部两次大范围征求中央有关单位、部分地方人民政府、有关企事业单位、专家学者的意见，三次当面或者书面征求条文起草组各成员单位意见，赴地方实地调研，并与全国人大社会委、应急管理部等单位反复研究修改思路和法的名称、法律定位等有关重点难点问题。在此基础上，司法部组织起草了《中华人民共和国突发事件应对管理法（草案）》（以下简称草案）。草案已经国务院常务会议讨论通过。

二、修订的总体思路

草案在总体思路上主要把握了以下几点：一是坚持以习近平新时代中国特色社会主义思想为指导，贯彻落实党中央关于突发事件应对管理工作的决策部署，把坚持中国共产党对突发事件应对管理工作的领导以及深化党和国家机构改革的最新成果等，通过法律条文予以明确。二是坚持问题导向，针对现行法施行以来反映出的问题，特别是疫情应对工作中暴露出的不足，进一步补充完善相关制度措施，同时将疫情应对中的成功经验体现在法律条文中。三是坚持该法突发事件应对管理领域基础性、综合性法律定位不变，着力处理好与本领域其他专门立法的关系，确保不同法律之间的衔接配合。

三、修订的主要内容

草案对现行法的名称、体例结构及条文顺序进行了调整，新增"管理体制"一章，修订的主要内容包括：

（一）理顺突发事件应对管理工作领导和管理体制。

为了体现党对突发事件应对管理工作的领导，完善有关管理体制，明确各方责任，草案规定：一是坚持中国共产党对突发事件应对管理工作的领导，建立健全集中统一、高效权威的中国特色突发事件应对管理工作领导体制（第四条）。二是国家建立统一指挥、专常兼备、反应灵敏、上下联动的应急管理体制（第十八条）。三是落实深化党和国家机构改革成果，明确县级以上人民政府及应急管理、卫生健康、公安等有关部门在突发事件应对管理工作中的职责（第十九条、第二十条、第二十二条）。四是明确应急指挥机构可以发布有关突发事件应对管理工作的决定、命令、措施等，解散后有关法律后果由本级人民政府承担（第二十一条）。五是明确乡级人民政府、街道办事处和居民委员会、村民委员会在突发事件应对管理工作中的职责义务（第二十三条）。

（二）畅通信息报送和发布渠道。

为了保障突发事件及其应对管理相关信息及时上传

下达，畅通渠道、完善有关制度，草案规定：一是建立健全突发事件信息发布和新闻采访报道制度，及时回应社会关切（第七条、第八条）。二是建立网络直报和自动速报制度，提高报告效率，打通信息报告上行渠道（第十九条、第六十四条、第六十八条）。三是加强应急通信系统、应急广播系统建设，确保突发事件应对管理工作的通信、广播安全畅通（第五十一条）。四是明确规定不得授意他人迟报、谎报、瞒报，不得阻碍他人报告突发事件信息（第六十一条）。

（三）完善应急保障制度。

为了加强应急物资、运力、能源保障，推动有关产业发展、场所建设、物资生产储备采购等工作有序开展，为突发事件应对管理工作提供坚实物质基础，草案规定：一是建立健全应急物资储备保障制度，完善重要应急物资的监管、生产、采购、储备、调拨和紧急配送体系，促进应急产业发展（第四十六条）。二是建立健全应急运输保障体系，确保应急物资和人员及时运输（第四十八条）。三是建立健全能源应急保障体系，保障受突发事件影响地区的能源供应（第四十九条）。四是加强应急避难场所的规划、建设和管理工作（第三十二条）。五是建立应急救援物资、生活必需品和应急处置装备的储备制度（第四十七条）。六是鼓励公民、法人和其他组织储备基本的应急自救物资和生活必需品（第四十七条）。

（四）加强突发事件应对管理能力建设。

为了有效提高突发事件应对管理能力，为突发事件应对管理工作提供更坚实的制度支撑、人才保障、技术支持，草案规定：一是明确国家综合性消防救援队伍是应急救援的综合性常备骨干力量，规定乡村可以建立基层应急救援队伍（第四十条）。二是增设应急救援职业资格，明确相应资格条件（第四十一条）。三是鼓励和支持在突发事件应对管理中依法应用现代技术手段，提高突发事件应对管理能力（第十六条）。四是建立健全突发事件应急响应制度，科学划分应急响应级别，及时启动应急响应（第七十条、第七十二条、第七十三条）。五是加强重要商品和服务市场情况监测，必要时可以依法采取干预措施（第六十七条）。六是进一步完善应急处置措施的规定，增加限制人员流动、封闭管理等措施（第七十二条）。

（五）充分发挥社会力量作用。

为了充分调动社会各方力量参与突发事件应对工作的积极性，进一步形成合力，草案规定：一是建立突发事件应对管理工作投诉、举报制度，鼓励人民群众监督政府及部门等不履职行为（第九条）。二是完善表彰、奖励制度，对在突发事件应对管理工作中作出突出贡献的单位和个人，按照国家有关规定给予表彰、奖励（第十七条）。三是鼓励和支持社会力量建立提供社会化应急救援服务的应急救援队伍（第四十条）。四是建立健全突发事件专家咨询论证制度，发挥专业人员在突发事件应对管理工作中的作用（第十五条）。五是支持、引导红十字会、慈善组织以及志愿服务组织、志愿者等参与应对突发事件（第五十五条、第七十一条）。

（六）保障社会各主体合法权益。

为了保障突发事件应对管理工作中社会各主体合法权益，确保人民群众生命安全和身体健康，草案规定：一是突发事件应对管理工作应当坚持总体国家安全观，坚持人民至上、生命至上（第五条）。二是关怀特殊群体，优先保护未成年人、老年人、残疾人、孕期和哺乳期的妇女等群体（第十一条）。三是完善突发事件应对管理过程中的征收征用制度，维护被征收征用人的合法权益（第十二条）。四是关爱受突发事件影响无人照料的无民事行为能力人和限制民事行为能力人，提供及时有效帮助（第七十五条）。五是加强心理健康服务体系和人才队伍建设，做好受突发事件影响各类人群的心理援助工作（第八十条）。六是加强个人信息保护，确保突发事件应急处置中获取、使用他人个人信息合法、安全（第八十三条）。

草案和以上说明是否妥当，请审议。

全国人民代表大会宪法和法律委员会关于《中华人民共和国突发事件应对管理法(草案)》修改情况的汇报

全国人民代表大会常务委员会：

突发事件应对管理法草案由国务院提请2021年12月召开的十三届全国人大常委会第三十二次会议进行初次审议。这个草案是对现行的突发事件应对法进行修改完善而形成的，属于修法性质。草案修改的主要内容是进一步理顺突发事件应对管理工作体制机制、畅通信息报送和发布渠道、完善应急保障制度、加强能力建设、保障社会各主体合法权益等。草案初次审议后，法制工作委员会将草案印发部分省（自治区、直辖市）人大、中央有关部门、基层立法联系点、部分高等院校和研究机构征求意见；在中国人大网公布草案全文，征求社会公众意见。宪法和法律委员会、社会建设委员会、法制工作委员会召开座谈会，听取中央有关部门、专家学者、全国人大代表的意见。宪法和法律委员会、法制工作委员会到河南、广东、湖北、黑龙江、内蒙古等地及有关部门和单位进行调研。宪法和法律委员会于12月6日召开会议，根据常委会组成人员的审议意见和各方面意见，对草案进行了逐条审议。社会建设委员会、司法部、应急管理部有关负责同志列席了会议。12月18日，宪法和法律委员会召开会议，再次进行了审议。现将突发事件应对管理法草案主要问题修改情况汇报如下：

一、有些常委委员、部门、地方、基层立法联系点、专家和社会公众提出，除本法外，还有一些法律对突发事件应对管理作了规定，建议处理好本法与有关法律的适用和衔接问题，防止出现法律适用不明确的情况。宪法和法律委员会经同社会建设委员会、司法部、应急管理部研究认为，本法是突发事件应对基础性、综合性法律，按照"特别法优于一般法"的原则，应当优先适用有关专门法律，做到相互衔接、并行不悖。从实践中看，适用和衔接问题主要涉及突发公共卫生事件的应对，目前，传染病防治法修订草案已提请常委会审议，突发公共卫生事件应对法正在起草中。建议在总则中明确，传染病防治法等有关法律对突发公共卫生事件应对管理作出规定的，适用其规定；有关法律没有规定的，适用本法。同时，在各章相关条款中明确，其他法

44

律对相关事项另有规定的，从其规定。

二、有些常委会组成人员、部门、地方、基层立法联系点、专家和社会公众提出，应当进一步完善突发事件应对管理工作的原则和理念，完善有关管理与指挥体制的规定。宪法和法律委员会经同司法部、应急管理部研究，建议：一是，在总则中增加突发事件应对管理工作应当坚持依法应对，尊重和保障人权等规定。二是，增加有关建立区域协同应对机制的规定。三是，明确应急指挥机构的决定、命令、措施等与本级人民政府发布的决定、命令、措施等具有同等效力，法律责任由本级人民政府承担，并报本级人大常委会备案。四是，完善有关应急资金、物资的管理规定。

三、有些常委会组成人员、部门、地方、基层立法联系点、专家和社会公众提出，应当进一步完善突发事件报告、预警、信息发布和新闻报道等方面的规定。宪法和法律委员会经同司法部、应急管理部研究，建议：一是，明确有关人民政府和部门支持新闻媒体开展采访报道和舆论监督。二是，完善突发事件信息收集、上报、处理机制。三是，明确预警警报应当包含的事项和信息，规定建立健全预警发布平台和预警信息快速传播渠道。

四、有些常委会组成人员、部门、地方、基层立法联系点、专家和社会公众提出，完善有关应急能力建设方面的规定，明确对应急预案制定修改和演练的要求，增加有关发挥社会力量积极作用的内容。宪法和法律委员会经同司法部、应急管理部研究，建议：一是，规定制定应急预案应当广泛听取各方面意见，并根据实际需要、情势变化、应急演练中发现的问题等及时作出修订；完善应急响应启动机制和相关事项。二是，增加鼓励和支持社会力量依法有序参与应急运输保障、参与巨灾风险保险等相关工作的规定。三是，规定有关部门可以向社会公布应急自救物资、物品储备指南和建议清单，居委会、村委会等基层组织在紧急情况下立即组织群众开展自救、互救等先期处置工作。

五、有些常委会组成人员、部门、地方、基层立法联系点、专家和社会公众提出，应当加强公民权利保障、特殊群体的优先保护等。宪法和法律委员会经同司法部、应急管理部研究，建议：一是，完善总则中有关特殊群体保护、财产征用、投诉举报等规定。二是，加强对个人信息的保护，严格规范个人信息处理活动。三是，完善保障公民基本生活的规定。

六、完善相关法律责任规定。

此外，还对草案作了一些文字修改。

草案二次审议稿已按上述意见作了修改，宪法和法律委员会建议提请本次常委会会议继续审议。

草案二次审议稿和以上汇报是否妥当，请审议。

全国人民代表大会宪法和法律委员会
2023 年 12 月 25 日

全国人民代表大会宪法和法律委员会关于《中华人民共和国突发事件应对管理法（草案）》审议结果的报告

全国人民代表大会常务委员会：

常委会第七次会议对突发事件应对管理法草案进行了二次审议。会后，法制工作委员会将草案二次审议稿全文在中国人大网公布，征求社会公众意见；到山东、江苏、上海等地及有关单位进行调研。宪法和法律委员会于5月31日召开会议，根据常委会组成人员的审议意见和各方面的意见，对草案进行了逐条审议。社会建设委员会、司法部、应急管理部有关负责同志列席了会议。6月18日，宪法和法律委员会召开会议，再次进行了审议。宪法和法律委员会认为，为了适应突发事件应对工作面临的新形势新任务，进一步完善突发事件应对管理体制机制和相关制度，及时对突发事件应对法进行修订是必要的，突发事件应对管理法草案经过两次审议修改，已经比较成熟。同时，提出以下主要修改意见：

一、修改法律名称。突发事件应对管理法草案的名称，是在现行的突发事件应对法的名称中增加了"管理"二字。有些常委委员、部门、地方、专家和社会公众提出，"应对"可以包括"管理"的含义，法律名称宜简明，且"突发事件应对"已为各方面熟知，从保持法律制度和相关工作稳定性、连续性考虑，建议继续使用现行法律的名称。宪法和法律委员会经同司法部、应急管理部研究，建议采纳上述意见，继续保留"突发事件应对法"的法律名称，并对草案条文中"应对管理"的表述，区别情况作出相应技术处理。鉴于对草案二次审议稿作出这样改动后，这个法律草案实际上属于修订现行法律的性质，提请审议的草案名称也相应变更为"突发事件应对法修订草案"。

二、有些常委会组成人员、地方和社会公众提出，应当加强应急宣传和演练的针对性，提高公众参与度，增强社会各界防灾减灾意识和自救能力。宪法和法律委员会经研究，建议进一步明确，人民政府、基层组织、企业事业单位等开展应急知识宣传普及活动应当分别面向社会公众、居民、村民、职工等，学校开展应急知识教育的对象应当包括教职工，应急管理等部门应当给予支持。

三、有些常委委员、部门、地方和专家提出，为了进一步发挥科学技术在突发事件应对工作中的作用，可将草案中有关加强现代技术手段应用、应急科学和核心技术研究、应急管理人才和科技人才培养等内容集中加以规定，便于有关方面贯彻落实。宪法和法律委员会经研究，建议采纳这一意见，在第五十六条中作统一规定。

四、草案二次审议稿第七十一条规定了突发事件应急响应制度。有些常委委员、部门、专家和社会公众提出，不同地方人民政府在突发事件发生后，决定启动哪一级应急响应，还需要结合实际情况，建议在具体确定应急响应级别时给予地方一定自主权。宪法和法律委员会经同司法部、应急管理部研究，建议在草案规定突发事件应急响应级别划分标准由国务院或者国务院确定的部门制定的基础上，增加规定："县级以上人民政府及其有关部门应当在突发事件应急预案中确定应急响应级别"。

五、有些常委委员、部门和地方提出，法律责任的追究，需要考虑与突发事件有关的各种主客观条件，做到过罚相当，这样更符合突发事件往往情势紧迫的实际情况，有利于鼓励干部在临机处置时勇于担当作为。宪法和法律委员会经同司法部、应急管理部研究，建议完善突发事件应对中关于责任追究的规定，增加依法给予处分时"综合考虑突发事件发生的原因、后果、应对处置情况、行为人过错等因素"。

六、有些常委委员、社会公众提出，在突发事件应对过程中，往往会有公民为了避免人身、财产损害而采取紧急避险行为的情况，在本法中对公民采取紧急避险措施的相关法律责任承担作出规定，为公民在突发事件应急处置中开展自救互救、减少损失提供法律依据，符合本法的立法目的。宪法和法律委员会经同司法部、应急管理部研究认为，在本法中对紧急避险作出规定是必要的，同时考虑到民法典、刑法中已规定有紧急避险制度，建议在本法中增加有关衔接性规定。

此外，还对草案二次审议稿作了一些文字修改。

6月17日，法制工作委员会召开会议，邀请有关部门、协会、企业、基层立法联系点和专家学者等就草案中主要制度规范的可行性、法律的出台时机、实施效果和可能出现的问题等进行评估。与会人员普遍认为，草案贯彻落实习近平总书记关于防范风险挑战、应对突发事件重要论述精神，贯彻总体国家安全观，适应新情况新要求，总结近年来突发事件应对工作中正反两方面经验，进一步加强党对突发事件应对工作的统一领导，落实宪法关于尊重和保障人权的原则，坚持问题导向，作出了一系列规定，很有针对性，切实可行。草案经过多次修改完善，充分吸收了各方面意见，已经比较成熟，建议及时审议通过。与会人员还对草案提出了一些具体修改意见，宪法和法律委员会进行了认真研究，对有的意见予以采纳。

修订草案已按上述意见作了修改，宪法和法律委员会建议提请本次常委会会议审议通过。

修订草案和以上报告是否妥当，请审议。

全国人民代表大会宪法和法律委员会
2024 年 6 月 25 日

全国人民代表大会宪法和法律委员会关于《中华人民共和国突发事件应对法（修订草案）》修改意见的报告

全国人民代表大会常务委员会：

　　本次常委会会议于 6 月 25 日下午对突发事件应对法修订草案进行了分组审议。普遍认为，修订草案已经比较成熟，建议进一步修改后，提请本次常委会会议表决通过。同时，有些常委会组成人员和列席人员还提出了一些修改意见和建议。宪法和法律委员会于 6 月 25 日晚召开会议，逐条研究了常委会组成人员和列席人员的审议意见，对修订草案进行统一审议。社会建设委员会、司法部、应急管理部有关负责同志列席了会议。宪法和法律委员会认为，修订草案是可行的，同时，提出以下修改意见：

修订草案规定，突发事件的威胁和危害得到控制或者消除后，应当停止执行相关应急处置措施，尽快恢复社会秩序。有的常委委员提出，在此情况下，还应当履行向社会宣布解除应急响应的程序。宪法和法律委员会经研究，建议采纳这一意见。

还有两个问题需要说明。

一是，有些常委委员、地方和社会公众提出，为了加强突发事件应对中公民个人信息保护，修订草案第八十四条、第八十五条对公民个人信息的收集、使用和销毁等作了规定，其内容是必要和妥当的，建议进一步明确，对实践中此前已经收集的公民个人信息也照此办理。宪法和法律委员会经同司法部、应急管理部研究认为，这一规定是根据《中华人民共和国民法典》、《中华人民共和国个人信息保护法》、《中华人民共和国数据安全法》、《中华人民共和国网络安全法》等现有法律的相关规定，针对突发事件应对工作的特点和实际需要作出的专门规定。对于此前收集的个人信息，其使用、销毁等处理，也应该按照上述法律的相关规定执行。

二是，有些常委会组成人员、部门、地方和社会公众提出，应急征用涉及单位、个人财产权益，建议进一步细化应急征用的具体程序、补偿标准、返还时间等。宪法和法律委员会经同司法部、应急管理部研究认为，修订草案已就应急征用的条件、补偿、返还作了规定，有关应急征用的操作性规定可由地方结合当地实际予以细化。

经与有关部门研究，建议将修订后的突发事件应对法的施行时间确定为 2024 年 11 月 1 日。

此外，根据常委会组成人员的审议意见，还对修订草案作了一些文字修改。

修订草案修改稿已按上述意见作了修改，宪法和法律委员会建议提请本次常委会会议审议通过。

修订草案修改稿和以上报告是否妥当，请审议。

全国人民代表大会宪法和法律委员会
2024 年 6 月 27 日